＊감수인

이 책은 인류가 발달하는 과정과 세계의 운동 전체를 거시적이고 넓은 시각에서 체계적으로 보여주고 있다. 서로 다르고 복잡해 보이는 사건들이 하나의 맥락을 갖고 연결되어 있다는 사실과 의미를 이야기 형식으로 서술하여 쉽게 파악할 수 있다. 학습효과를 위하여 단계적으로 이해해가는 형식을 취했고, 단원마다 요점들을 정리하여 서술하였다. 또한, 사실을 확신시키고 흥미를 높이기 위해 다양한 자료들, 현장 사진들, 삽화, 그리고 극화까지 활용하였다. 세계문화의 백과사전 같은 가치를 지녀서 성인들이 학습하기에도 손색이 없다.

청소년들이 머지않아 현재로서 맞이할 미래를 위해 이 책이 의미 있는 길잡이가 되길 바란다.

윤명철 (동국대학교 교수. 역사학자)

＊일러두기

• 맞춤법과 띄어쓰기는 국립국어원에서 펴낸 〈표준국어대사전〉을 기준으로 삼았습니다. 다만, 역사 용어의 표기와 띄어쓰기는 교육과학기술부에서 펴낸 〈교과서 편수 자료〉와 중학교 국사 교과서를 따랐습니다.

• 외국 인명과 지명은 〈외국어 표기 용례집〉을 따랐습니다.

• 〈세계사 이야기〉의 내용이나 체재는 2011년에 새로 나온 초등학교 교과서를 기본으로 하여 편집하였습니다. 맞춤법이나 표기도 최종적으로는 초등학교 교과서에 맞추었습니다.

페르세폴리스 벽면의 부조

우리 땅 넓은 땅
세계사 이야기 6

대제국을 건설한 알렉산드로스 대왕

펴 낸 이 : 이재홍
펴 낸 곳 : 도서출판 세종
등록번호 : 제18-79호
대표전화 : 02)851-6149. 866-2003
F A X : 02)856-1400
주　　소 : 경기도 광명시 가학동 786-4호
공 급 처 : 한국가우스 | 등록번호 제18-147호
고객상담전화 : 080-320-2003
웹사이트 : WWW.koreagauss.com

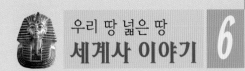

우리 땅 넓은 땅
세계사 이야기 **6**

대제국을 건설한 알렉산드로스 대왕

글 **한국역사교육연구회** ■ 추천 **파랑새 열린학교 · 한국역사사관학교**
감수 **윤명철** (동국대학교 교수 · 역사학자)

한국가우스

역사를 올바로 보는 눈

세계의 역사는 우리 인류가 걸어온 발자취입니다.

어제 일어난 여러 사실들은 역사가의 평가와 시각에 의하여 역사적 사실로 재발견되고, 그 의미가 새롭게 밝혀져 역사로 기록됩니다.

이것을 통하여 오늘의 우리는 어제의 역사와 만나게 되고 우리가 살지 않았던 어제를 생생하게 체험하며, 그 올바른 의미를 물려받게 됩니다.

역사는 오늘의 삶을 비추어 주는 거울이며 내일을 바라볼 수 있는 창이기도 합니다.

때문에, 역사 서술은 치우침이 없고 엄격해야 합니다.

우리는 그러한 역사를 공부함으로써 우리 자신과 오늘의 현실을 객관적으로 바라보고, 또 비판할 수 있는 힘을 기르게 됩니다. 역사를 배우는 중요한 목표는 자신을 스스로 깨닫게 하는 데에 있다고 합니다.

한편, 역사는 단순한 어제가 아니라 살아 있는 어제여야 한다고 말합니다. 이 것은, 역사가 단순히 어제의 사실을 알려 주는 것만이 아니고 오늘의 우리에게 교훈이 되고, 오늘의 문제를 해결할 수 있는 슬기가 되어야 한다는 뜻을 담고 있습니다.

이는 곧 우리가 왜 역사를 배워야 하는지를 말하는 것이기도 합니다. 한국인으로서의 정체성과 함께 다른 문화와 국가에 대한 이해가 있어야만 이 지구촌의 시대를 살아갈 수 있기 때문에 특히 세계사는 중요합니다.

한국인으로서 정체성은 한국사뿐만 아니라 세계사를 함께 배울 때 온전히 형성될 수 있습니다.

우리 어린이는 이러한 역사 인식으로 세계사를 사랑할 뿐 아니라, 인류의 번영, 그리고 새로운 세계의 건설에 이바지하는 '올바른 역사관'을 가진 세계인이 되도록 힘써야 할 것입니다.

한국역사교육연구회

파르테논 신전

우리 땅 | 넓은 땅

세계사 이야기

6

차 례

1 페리클레스의 시대

아테네를 중심으로 델로스 동맹이 맺어지고, 이 동맹을 중심으로 그리스의 도시 국가들은 페르시아의 제국주의에 대항했습니다. 그리고 페르시아의 지배하에 있던 도시 국가들은 독립을 꾀했습니다.

이 무렵, 마라톤 전투의 영웅 밀티아데스의 아들 키몬은 아테네 제1의 권력자로 군림하였으나, 도편 추방을 당하고 말았습니다.

그리고 이때 아테네의 정치가 페리클레스가 역사에 등장하여 민주 정치를 꽃피웠습니다.

디오니소스 야외극장

아테네의 민주 정치

*델로스 동맹
아테네의 아리스티데스의 제창으로 기원전 477년에 아테네를 중심으로 하여 구성된, 그리스 도시 국가들의 해군 동맹이다.

기원전 477년 아테네를 지도 국가로 하여 그리스는 '델로스 동맹' *이 맺어졌습니다.

페르시아의 침입에 대비한 것이었습니다.

동맹에 가입한 폴리스(도시 국가)는 공납금을 냈는데 그 돈은 델로스 섬의 아폴로 신전에 보관되었고 동맹 회의도 여기에서 열렸습니다. 따라서, 아테네 해군의 힘은 날로 강해졌습니다. 이 무렵에 페르시아와의 전쟁을 승리로 이끈 테미스토클레스가 추방당했습니다.

아테네 도시 전경

그 뒤, 키몬*이 아테네 제1의 권력자가 되었는데 그는 마라톤 전투의 영웅 밀티아데스의 아들입니다. 키몬은 델로스 동맹을 더욱 발전시키며 많은 업적을 쌓았습니다.

그 후에도 트라키아 연안과 소아시아 서쪽 해안에서 선전하여 페르시아군을 격파하여 델로스 동맹의 확충에 힘썼습니다. 그렇지만 스파르타를 지원하여 헬로트(스파르타의 최하층 백성)* 반란을 진압시켜 준 일로 인기가 떨어져서 테미스토클레스와 마찬가지로 '도편 추방'을 당했습니다.

＊키몬
고대 아테네의 정치가이며 군인이다. 반페르시아적 정책을 제창하고 델로스 동맹의 결성에 힘을 기울였다.

＊헬로트
스파르타인에게 정복된 고대 그리스의 선주민이다. 노예가 되어 농사에 종사하였다.

에레크테이온 신전

아테네의 정치가 페리클레스

전 시민이 모여 추방할 인물을 도자기 조각에 적어서 5년이나 10년 동안 그를 나라 밖으로 추방하는 아테네의 제도를 도편 추방이라고 합니다.

투표는 부족 단위로 이루어지는 비밀 투표였습니다.

이 제도로 나라 밖으로 추방되더라도 시민권이 박탈되거나 재산이 몰수되는 일은 없었습니다.

오귀스탱 루이 벨이 그린 아낙사고라스와 페리클레스

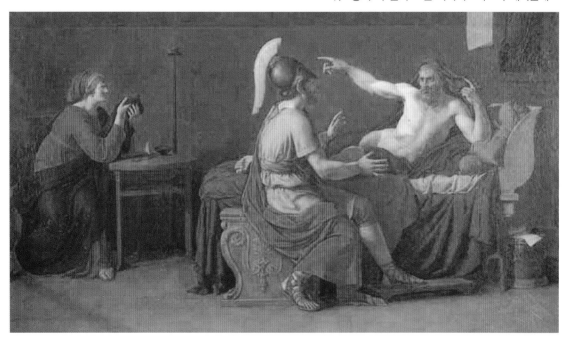

이때, 아테네에 등장한 인물이 바로 페리클레스입니다.

정권을 쥔 페리클레스는 델로스 동맹 금고를 아테네로 옮기고 페르시아와 화해 조약을 맺어 나라의 안정을 꾀했습니다.

'페르시아 육군은 이오니아 여러 도시를 점령한다. 그 대신 페르시아 함정은 에게 해에 들어오지 않는다.'

조약의 주요 내용은 대개 이런 것이었습니다. 이로써 델로스 동맹은 필요 없게 되었습니다. 그리고 해마다 거두는 공납금을 내지 않아도 되었지만, 페리클레스는 그것을 강제로 계속 받아냈습니다. 힘이 약한 동맹국들은 어쩔 도리가 없었습니다.

페리클레스는 이렇게 거둔 많은 돈으로 아테네의 민주 정치를 발전시키고 문화를 꽃피워 나갔습니다.

*중우 정치
페리클레스가 죽고 난 후, 선동 정치가인 클레온이 나타나 정권을 장악하고 민중을 조종하여 독재 정치를 자행하였다. 몰지각한 자에 의해 정치가 좌우되는, 민주 정치의 타락한 형태를 중우 정치라고 한다.

도편

페르시아 제국의 군대

나라가 안정되려면 페르시아와의 전쟁은 막아야 하오. 화해 조약을 맺어 전쟁을 피합시다.

그리스 문화의 중심이 되는 아테네

유명한 파르테논* 신전도 이때 지어졌습니다.

파르테논 신전은 아테네의 수호신 아테나에게 바쳐진 신전으로, 기원전 432년 무렵 페리클레스 시대에 조각가 페이디아스에 의해 아테네의 중심에 있는 아크로폴리스 언덕에 세워졌습니다.

> 저 멋진 파르테논 신전 이야말로 우리 아테네의 자랑이 아니겠소.

파르테논 신전 유적

흰 대리석으로 만든 아름다운 파르테논 신전

파르테논 신전은 15년이란 길고 긴 세월에 걸쳐서 완공된 건물로, 이오니아식을 가미한 도리스식* 건축의 대표적인 건축물입니다.

아테네가 그리스 문화의 중심지가 된 이 그리스 황금 시기를 '페리클레스의 시대' 라 일컫습니다.

> **＊도리스식**
> 도리스 사람들이 창시한 고대 그리스 건축 양식의 하나이다.
> 기둥이 굵고 추춧돌이 없으며 주두는 역원뿔 형태이다. 간소하지만 장중미가 있다.

2 펠로폰네소스 전쟁

아테네가 델로스 동맹으로 강해지자, 스파르타와 아테네는 서로 다투었습니다. 그리하여 아테네의 세력을 시기한 스파르타와 아테네 사이에 펠로폰네소스 전쟁이 일어나게 되었습니다.

그러나 아테네는 전염병이 돌고, 페리클레스도 그 전염병으로 죽자, 궁지에 몰려 어려움을 당했습니다.

알키비아데스를 중심으로 모든 시민은 있는 힘을 다해 싸웠지만, 승리는 스파르타에 돌아갔습니다.

포세이돈 신전

아테네 스파르타의 강한 힘을 보여 주겠다.

아테네인들에게
우리 스파르타 군대가
아직 건재함을 보여 주자!
모두 공격하라!

아테네와 스파르타

원래는 스파르타가 제일 강했으나 아테네가 델로스 동맹으로 지도 국가가 되자 두 나라는 티격태격 다투었습니다. 군국주의인 군대의 나라 스파르타는 드디어 민주주의 국가인 아테네로 쳐들어갔습니다.

아테네의 세력이 강대해지자 이를 시기한 스파르타와의 사이에 대립이 나타나 전쟁이 일어난 것입니다. 이 전쟁은 펠로폰네소스 반도를 중심으로 해서 일어났기 때문에 '펠로폰네소스 전쟁'이라고 합니다.

아테네의 전

"아테네에 스파르타의 강한 힘을 보여 주겠다!"

페리클레스는 아테네인들을 성벽 안으로 피하게 하고, 해군으로 스파르타를 공격했습니다.

스파르타 군사

아테네의 아크로폴리스

＊시라쿠사
이탈리아 남단 시칠리아 섬 동쪽 해안에 있는 도시이다. 기원전 8세기 무렵 코린트의 식민지로 건설되어, 기원전 5세기 무렵 번영했으나 기원전 211년 로마에 의해 멸망되었다.

그렇지만 아테네 인구는 전염병으로 엄청나게 줄었고 페리클레스도 그 병으로 죽었습니다. 그러자 아테네의 귀족들은 강화를 맺어야 한다며 극성을 부렸습니다.

이때 새로운 민주주의 지도자가 나타났는데 그는 페리클레스의 조카이며 소크라테스의 제자인 알키비아데스였습니다.

알키비아데스는 3년 동안 시라쿠사* 원정을 시도하다가 실패하고 전쟁에 패한 책임 때문에 추방당했습니다.

스파르타는 데켈레이아를 점령하여 아테네로 이어지는 식량 보급로를 끊었습니다. 동맹국들이 하나둘 떨어져 나가고 페르시아가 스파르타를 돕자 아테네는 궁지에 몰렸습니다.

구분 \ 국가	아테네	스파르타
민족	이오니아인	도리아인
위치	해안	내륙
산업	해상 교역	농업 중심
기질	자유, 진취, 개방	보수, 폐쇄
정치	민주주의	군국주의
군대	해군	육군
노예	개인 소유	국가 소유
동맹권	델로스 동맹	펠로폰네소스 동맹

아테네와 스파르타

그리스 문화의 특징

에게 문명과 오리엔트 문명의 영향을 받은 그리스 인들은 그들 나름대로의 독특한 문명을 이루었다. 그리스 인들은 또한 전제 군주나 종교적 권위에 속박되지 않은 자유로운 시민 문화를 이룩하였다.

그리고 민주 정치하에서 생활하고 폴리스의 공동 생활을 통해 발달되었기 때문에, 합리적이고 현세적인 인간 중심의 문화였다.

알키비아데스의 조각상

델로스 섬 신전 앞에 있는 사자상

그리스의 패권을 쥐게 된 스파르타

아테네는 다급한 나머지 대사면령을 내려 알키비아데스를 비롯하여 추방당한 사람들을 불러들였습니다.

"스파르타와 최후의 한판 승부를 벌입시다!"

알키비아데스는 해군을 이끌어 스파르타를 몇 차례 쳐부수었으나, 노티움 해전에서 패한 뒤 아테네를 떠나 버렸습니다.

아테네는 모든 시민과 함대를 동원하여 아르기누사이 해전에서 승리했습니다. 그렇지만 돌아오는 길에 폭풍으로 많은 군함과 군사를 잃어서 승리보다 손해가 더 컸습니다.

스파르타도 엄청난 피해를 입었습니다.

스파르타 훈련 과정

그 뒤, 스파르타 해군이 아테네 해군을 쳐부수었으며 육군이 아테네를 공격하여 여러 도시를 함락시켰습니다.

어려서부터 엄격한 군사 훈련을 받은 스파르타의 승리로 끝난 것입니다.

이리하여, 27년이나 지속된 전쟁은 기원전 404년에 끝났습니다.

펠로폰네소스 전쟁에서 이긴 스파르타는

그리스의 패권을 쥐고 각 도시 국가의 민주 정치를 무너뜨리며 귀족 정치를 꾀했습니다.

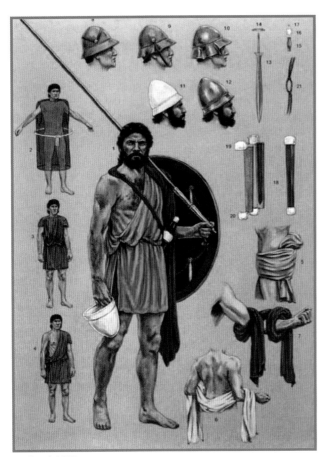

스파르타 복식

스파르타 군사

3 그리스의 철학자들

그리스에는 아낙시만드로스, 데모크리토스 등의 철학자들을 중심으로 한 자연 철학이 나타났고, 기원전 5세기부터는 자연이 아닌, 인간을 중심으로 연구하는 철학이 일어났습니다.

그 대표적인 학자로 소크라테스를 꼽을 수 있는데, 그는 진리의 절대성과 객관성을 주장하며, 지식과 도덕의 일치를 강조하여 시민들의 도덕심을 일깨워 주려고 하였습니다.

이러한 소크라테스의 사상은 플라톤과 아리스토텔레스로 이어졌습니다.

소크라테스의 감옥

26

소피스트의 등장

"물이 만물의 근원을 이룬다."

일식을 예언하고 '철학의 아버지'라 불리는 탈레스*는 이렇게 말했습니다. 그리스의 철학은 소아시아 지방의 이오니아에서 시작되어 '이오니아 학파'를 이루었습니다.

특히 밀레투스라는 도시에 학문과 예술이 크게 일어났기 때문에 이 지역의 철학자들을 이오니아 학파 또는 '밀레투스 학파'라고 하였습니다.

에레크테이온 신전

어떤 사람이 탈레스에게 이렇게 말했습니다.

"학문만 하면 가난뱅이가 되는데 왜 쓸데없는 짓을 합니까?"

"나도 부자가 될 수 있소."

탈레스는 그 사람의 코를 납작하게 해 주고 싶었습니다.

이오니아 학파와 밀레투스 학파

이오니아 학파는 기원전 6세기 무렵 이오니아 지방에서 활동한 철학의 한 학파이다. 자연 현상을 신화로부터 분리하여 해석하고 만물의 근원을 과학적, 합리적으로 추구하려고 하였다.

탈레스, 아낙시만드로스, 아낙시메네스, 헤라클레이토스 등을 들 수 있는데, 이들을 밀레투스 학파라고도 한다. 밀레투스 학파는 이들의 출신지인 밀레투스를 따서 일컫는 말이다.

탈레스

올림포스의 12신

헤라클레이토스

아낙시만드로스

천문 지식이 뛰어난 그는 이듬해 가을에 올리브 농사가 풍년일 것이라고 예측했습니다. 그는 가진 재산을 다 털어서 올리브 기름을 짜는 기계를 몽땅 싸게 사들였습니다.

다음 해 가을에 그의 예측대로 올리브는 풍년이 들었고, 기름을 짜려고 해도 기계가 없어서 아우성쳤습니다.

탈레스는 그 기계를 내다가 아주 비싼 값에 팔아 큰 돈을 벌었습니다.

"학자도 마음만 먹으면 큰돈을 벌 수 있지만, 돈보다 학문을 더 중히 여기므로 돈 벌 생각을 아예 하지 않는 것이다."

그 뒤부터 사람들은 돈보다는 학문을 더 소중히 생각하는 철학자들을 비웃지 않았습니다.

학문을 한다고 가난해지는 것은 아니오. 내가 그것을 직접 증명하겠소.

그리스의 3단 노 배 부조

밀레투스의 옛 모습

"공기는 물질의 근본이다."라고 한 아낙시만드로스, "우주는 무수한 원자로 이루어졌다."라고 한 데모크리토스도 유명한 철학자입니다.

이 무렵, 그리스에 퍼진 철학을 '자연 철학'＊이라고 합니다. 자연 철학은 신화의 세계에서 벗어나 자연 현상을 연구함으로써 인간의 생각을 거기에서 찾으려고 한 것입니다.

그리스 항아리에 그려진 중장 보병

청동제의 남자 동상

골든벨 상식

데모크리토스 (기원전 460년경～기원전 370년경)

고대 그리스의 자연 철학자이다.

트라키아 해 연안에 있는 아브데라에서 태어났다. 낙천적인 성격 때문에 '웃는 철학자'라는 별명이 붙었으며, 레우키포스의 제자로서 여러 방면의 학문을 공부하고 고대 원자론을 완성하였다. 즉, 세계의 모든 것을 형성하고 있는 것은 많은 원자이며, 세계는 이 원자와 아무것도 없는 공간으로 채워져 있다고 생각했다.

그리고 '원자가 결합되기도 하고 떨어지기도 하는 데서 자연의 모든 변화가 일어나는 것이다.'라고 설명했다. 그러나 이 생각은 그 당시로서는 너무 앞선 생각이어서 별로 인정을 받지 못했다.

기원전 5세기부터는 그리스에는 자연과는 달리 '인간'을 중심으로 연구하는 철학이 일어났습니다. 소크라테스의 철학이 바로 여기에 속합니다.

소크라테스는 기원전 470년 무렵 아테네에서 조각가인 아버지와 산파인 어머니 사이에서 태어났습니다.

소년 소크라테스는 몸집이 크고 이마가 벗겨졌으며 뻥코에 눈이 툭 튀어나왔습니다.

게다가, 뒤뚱뒤뚱 오리걸음을 걸어서 더욱 기이하게 보였습니다.

동서 학자들이 모여 토론하는 아테네 학당

18세가 되자 소크라테스는 현인(지식이 많은 어질고 현명한 인물)인 아르케라오스를 찾아가 배움을 청했습니다.

아르케라오스는 소크라테스를 얼마 동안 가르치더니,

"이젠 내가 자네에게 배워야겠네."
하고 말했습니다.

이제 더 이상 자네에게 가르칠 것이 없다네. 오히려 내가 자네한테 배워야 할 판이구만.

그리스 학문의 발달

기원전 5세기 무렵, 민주 정치가 발달하면서 아테네에서는 자연보다 인간에 대한 관심이 높아지기 시작하였다. 이 무렵, 변론과 수사학을 가르치는 소피스트가 나타났다. 이들은 절대적인 진리는 없다고 하면서 궤변을 일삼았기 때문에, 사람들은 가치관이 흔들리게 되었다.

이에 대해 소크라테스는 진리의 절대성과 객관성을 주장하며, 지식과 도덕의 일치를 강조하여 시민들의 도덕심을 향상시키려 하였다.

이러한 소크라테스의 사상은 플라톤과 그의 제자 아리스토텔레스로 이어졌다. 플라톤은 현상을 초월한 이데아 세계를 추구하고, 〈국가론〉에서 철인 정치를 구상하였다.

아리스토텔레스는 인문, 사회, 자연 과학의 전 분야에 걸친 학문을 체계화했을 뿐만 아니라, 근대 철학에도 큰 영향을 주었다. 또한, 시민의 입장에서 역사가 쓰여진 것은 그리스가 처음이었다.

역사학의 아버지로 불리는 헤로도토스는 페르시아 전쟁과 그 전쟁에 참가한 각 나라의 역사를 이야기식으로 엮은 〈페르시아 전쟁사〉를 썼다. 그리고 투키디데스는 펠로폰네소스 전쟁에 대해 기술한 〈펠로폰네소스 전쟁사〉를 남겼는데, 이로써 그는 교훈적, 비판적 역사의 창시자로 알려지게 되었다.

소크라테스의 지혜와 웅변이 스승을 앞질렀던 것입니다. 그 뒤 소크라테스는 많은 지식을 쌓아 늠름한 어른이 되었습니다.

소크라테스

소크라테스 감옥

사람들을 교육하는 소크라테스

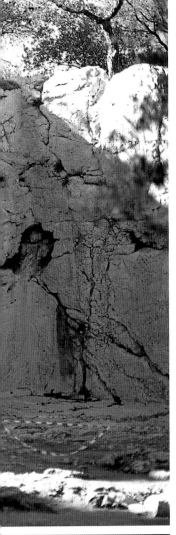

진리를 깨달은 소크라테스

소크라테스가 파르테논 신전 공사장에서 장식에 필요한 조각 만드는 일을 할 때 노예들이 바위에 깔리는 사고가 일어났습니다. 그런데 사고당한 노예들이 살려 달라고 아무리 소리쳐도 아무도 거들떠보지 않았습니다.

'네가 가서 도와줘. 아니야, 모르는 체해.'

소크라테스는 두 마음이 서로 싸움을 벌이는 것을 느꼈습니다.

도와줘야 한다는 것은 양심의 소리였습니다. 이 양심의 소리를 '다이모니온의 소리'라고 합니다. 결국, 소크라테스도 모르는 체해 버렸으나 이때 그는 처음으로 다이모니온의 소리를 듣고 크게 깨달았습니다.

펠로폰네소스 전쟁에도 참가한 소크라테스는 '사람을 올바르게 알아야 참된 사람이 된다.'는 것을 깨달았습니다.

미케네의 테라코타

트로이 제6시의 성벽

이리하여 소크라테스는 여러 사람들을 관찰하면서 돌아다녔고, 욕심쟁이, 게으름뱅이, 거짓말쟁이들을 깨우쳐 주었습니다.

소크라테스는 항상 맨발로 거리를 돌아다녔는데, 하루는 그에게 구둣방 주인이 나타나 권했습니다.

"신 하나 맞추어 신으시지요."

그리스 아토스 반도의 그리스 정교 수도원인 스타브로니키타 수도원

이오니아의 중심 델로스

그러자 소크라테스가 구둣방 주인에게 물어보았습니다.

"내 발이 보기 싫은가요?"

"아니오! 선생님 발이 어디가 어때서요?"

소크라테스는 자신의 발을 들여다보더니,

"내가 보기에도 가죽으로 싸서 감출 만큼 못생기지는 않았군."

하고 그냥 가 버렸습니다.

그리스 신화에 나오는 아르고스의 유적

데모크리토스의 조각상

미케네의 토우

이 무렵 아테네에서 사람을 사람답게 깨우쳐 주는 사람은 소크라테스밖에 없다는 소문이 널리 퍼졌습니다. 특히, 청년들이 소크라테스를 잘 따랐습니다.

아테네에는 '소피스트' *라고 불리는 이들이 많았습니다. 그들은 여기저기 돌아다니며 부잣집 자녀들에게 지식과 지혜를 팔고 온갖 말재주를 부려 청년들로 하여금 서슴없이 못된 짓을 하도록 부추겼습니다.

때문에 전쟁에 지고 도덕이 땅에 떨어져서 사회가 어지러웠습니다. 그럴 때 소크라테스의 친구이며 제자였던 한 사람이 아폴로 신전에 가서 신탁을 해 보았습니다.

한 걸음 더!

그리스의 종교

사물의 이치를 합리적으로 밝히고자 노력한 그리스인들은 철학을 크게 발달시켰다.

기원전 6세기 무렵, 이오니아 지방에서는 탈레스를 시조로 하는 자연 철학이 발달하여 만물의 근원을 탐구하였으며 데모크리토스 등이 활약하였다.

기원전 5세기에는 민주 정치의 발달과 더불어 수사와 변론을 가르치며 인간의 주관성을 강조한 소피스트가 나타났다.

특히, 프로타고라스는 "인간은 만물의 척도"라 하여 객관적 진리의 존재를 부정하였다. 그러나 소크라테스는 소피스트에 반대하여 절대적, 객관적 진리를 가르쳤고, 그의 제자 플라톤은 이데아에 입각한 이상 국가를 구상하여 "철학자가 왕이 되어 통치하여야 한다."고 주장하였다.

델포이의 아폴론 신전과 원형 극장 유적지

신탁이란 신이 사람을 매개자로 하여 그의 뜻을 나타내거나 인간 물음에 대답하는 것을 말합니다.

"허물어진 아테네 정신을 일으켜 세울 만한 최고의 현인은 누굽니까?"

이 신탁의 대답이 나왔습니다.

"이 시대에 가장 현명한 소크라테스이다."

친구는 소크라테스에게 달려가서 이 말을 전했습니다.

그렇지만 소크라테스는 기뻐하기는커녕 신탁에 의문이 들어 이 의문을 풀려고 유명한 정치가와 문학가, 현인들을 만나 보았습니다. 그들이 자신보다 더 현명하다고 생각한 것입니다. 하지만 돌아온 건 실망뿐이었습니다.

'아, 모두가 제가 제일 잘 아는 척하지만, 그것이 손톱만 한 지식이라는 사실을 모르고 있구나!'

소크라테스는 큰 실망을 하고 친구에게 이렇게 말했습니다.

그리스의 희생 의식이 그려진 봉납화

그리스의 채색 석관의 일부

"유명하다는 사람들은 자기가 얼마나 부족한가를 깨닫지 못하고 있어. 그들은 나처럼 '나는 아무것도 모른다.'고 하지 않아. 신탁이 나를 가장 현명하다고 한 것은 그 이유 때문이야."

소크라테스는 아테네의 거리를 돌아다니면서 문답을 계속하였습니다. 그리고 사치, 교만, 권력, 명예, 허영에 빠진 사람들을 보면 서슴없이 외쳤습니다.

"너 자신을 알라!"

＊〈소크라테스의 변명〉
플라톤이 저술한 철학서로, 국가가 공인한 신들을 믿지 않고 다른 신을 섬기며 청년들에게 해로운 영향을 주었다는 죄목으로 고발되어 소크라테스가 아테네 법정에서 변명하는 모습을 통하여 그 철학의 핵심을 그린 내용이다.

그리스의 아폴론 신전

결국, 그는 시민들의 오해를 받아 고발당했습니다.

51세가 되어서야 얻은 아내는 툭하면 소크라테스에게 물벼락을 내리는 악처였습니다.

아내를 얻은 소크라테스에게 청년들이 물었습니다.

"선생님, 결혼을 해야 합니까, 하지 말아야 합니까?"

제우스가 아프로디테 연애하는 장면을 보고 있는 조각상

그리스의 승마자의 부조

그러자 소크라테스는 이렇게 대답해 주었습니다.

"해도 후회하고, 안 해도 후회하네."

그제서야 제자는 소크라테스가 51세에야 결혼한 뜻을 이해할 수 있었습니다.

기원전 399년, 소크라테스는 나라에서 인정하는 신을 믿지 않고 청년들을 타락시켰다는 어처구니없는 죄목으로 붙잡혀 사형 선고를 받았습니다.

독배를 마시는 소크라테스

제우스

소크라테스는 한 달 동안 감옥에 갇혔습니다. 이를 안타
깝게 여긴 제자들이 그의 탈출을 도우려 했습니다.

"선생님, 모든 준비가 다 되어 있으니 탈출하십시오."

제자가 권하자 소크라테스가 말했습니다.

"악법(나쁜 법)도 법이야."

소크라테스는 감옥 안에서 내려진
독약을 태연히 마시고 저세상으로 떠났
습니다.

"아스클레피오스*에게 닭 한 마리를
빚졌는데 그것 좀 갚아 주게."

소크라테스는 이 말을 유언으로 남
기고 세상을 떠났습니다.

*아스클레피오스
그리스 신화에 나오는
의술의 신이다. 아폴론
의 아들이며, 죽은 사람
을 살렸다가 주신 제우
스의 노여움을 사 벼락
에 맞아 별이 되었다.

선생님, 기회는
지금뿐입니다.
어서 이곳에서
나가십시오.

악법도 법이니,
난 그 법을 지키다
죽음을 맞겠네.

아스클레피오스 신전

아스클레피오스 신전 호수

＊아카데미아
플라톤이 창설한 학문 연구 단체이다.
서양 여러 나라에서는 학문, 예술에 관한 지도적이고 권위 있는 단체를 이른다.

스승이 죽자, 제자 플라톤은 오랜 여행을 하고 돌아와 '아카데미아' ＊라는 학문 연구소를 열고 유명한 책 〈대화〉을 썼습니다. 이 책에는 소크라테스의 철학과 인격이 잘 나타나 있습니다.

아카데미아에서 공부한 아리스토텔레스와 함께 이들 세 사람은 그리스의 위대한 철학자로 손꼽힙니다.

플라톤

플라톤의 연구 토론회

골든벨 상식

그리스의 미술

그리스 미술의 특색은 조화와 균형에 바탕을 둔 사실성에 있다. 특히 미술은 신전 건축이나 이를 장식하기 위한 조각을 중심으로 발달하였다. 또한, 건축 양식은 처음에는 도리스식에서 이오니아식으로, 이오니아식에서 다시 코린트식으로 발전해 갔다.

그리스인은 신전과 극장을 짓고 대리석과 청동 조각품을 많이 제작했는데, 육체와 정신의 조화를 이상적으로 생각하여 육체의 아름다움을 조각으로 표현하였다. 특히 아름다운 흰 대리석으로 만든 아테네의 파르테논 신전은 서양 미술 작품 가운데 가장 뛰어난 걸작으로 평가받고 있다. 또한 조각가 페이디아스는 〈제우스 상〉, 〈아테네 여신 상〉 등의 작품을 남겼다.

재판 광경과 옥중 생활, 그리고 사망했을 때의 장면은 제자 플라톤*이 쓴 철학적 희곡(플라톤의 대화 편) 〈에우티프론〉, 〈소크라테스의 변명〉, 〈크리톤〉, 〈파이돈〉* 등의 여러 작품에 자세하게 그려져 있습니다.

죽음을 앞둔 소크라테스의 숭고한 태도는 진정한 철학자의 태도를 보여 주고 있어 많은 철학자들의 귀감이 되었습니다.

제우스 동상

소크라테스와 파이돈

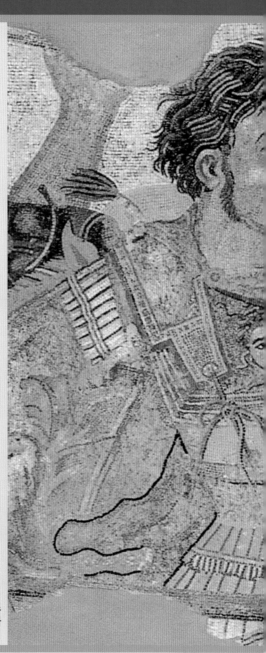

4 젊은 대왕 알렉산드로스

기원전 356년, 알렉산드로스 대왕은 마케도니아의 수도 페라의 왕궁에서 태어났습니다.

호메로스의 영웅 이야기를 들으며 자란 알렉산드로스는 어려서부터 용감하고 지혜로웠습니다.

한편, 아테네, 테베 등을 정복한 후 암살된 필리포스 2세의 뒤를 이어 왕의 자리에 오른 알렉산드로스는 테베를 정복하고 이어 코린트 동맹군 총사령관이 되었습니다.

알렉산드로스 대왕의 이수스 전투를 그린 모자이크 벽화

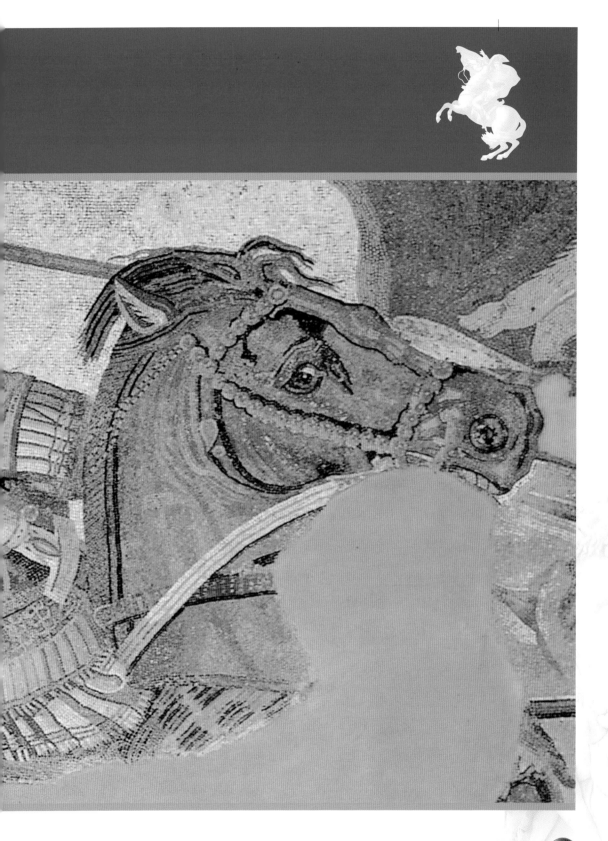

마케도니아 왕자의 탄생

*호메로스
그리스의 서사 시인으로 〈일리아드〉, 〈오디세이〉 등을 저술한 작가이다. 그의 작품들은 그리스 최대의 걸작으로 평가되고 있다.

기원전 356년, 마케도니아가 그리스군과 싸우고 있을 때였습니다.

"전하, 기뻐하시옵소서. 왕자님이 탄생하셨습니다. 방금 왕자님의 운수를 점쳐 보았더니 천 년에 한 번 있을까 말까 한 운을 타고나셨습니다. 틀림없이 역사에 길이 이름을 남길 위대한 제왕이 되실 것입니다."

사자를 사냥하는 알렉산드로스 대왕

알렉산드로스 대왕

필리포스 2세는 무척 기뻤습니다.

"이제 마케도니아의 미래는 걱정하지 않아도 되겠군."

마케도니아의 수도 페라의 왕궁에서 태어난 이 왕자가 바로 알렉산드로스 대왕입니다.

알렉산드로스는 늘 어머니로부터 호메로스*의 영웅 이야기를 들으며 자랐습니다.

"알렉산드로스야, 너는 훌륭한 영웅들의 후손이란다. 아버님의 선조는 위대한 영웅 헤라클레스*이고, 이 어미의 선조는 전쟁 영웅 아킬레스*로, 너는 그 두 분의 피를 이어받았단다. 그러므로 너는 선조들보다 더 훌륭한 영웅이 되어야 한다."

그때부터 알렉산드로스는 영웅이 되기 위한 공부에 매진했습니다.

그러던 어느 날, 알렉산드로스가 13세 되던 해에 유명한 철학자 아리스토텔레스가 마케도니아에 도착했습니다.

아리스토텔레스는 고대 그리스의 대철학자이자 플라톤의 제자였습니다.

＊헤라클레스

그리스 신화의 최고 영웅으로, 제우스와 알크메네 사이에서 태어났다. 여신 헤라의 미움을 받아 박해를 당했으며, 사촌 동생의 노예가 되어 10년간 고생을 하는 도중 사자 사냥, 괴물 퇴치 등 12가지의 어려운 일을 해냈다. 후에 아내의 곡해로 죽게 되었으나 승천하여 신들과 친구가 되었다.

＊아킬레스

그리스 신화에 나오는 영웅으로, 펠레우스와 여신 테티스의 아들이다. 호메로스의 서사시 〈일리아드〉의 주요 인물로 트로이 전쟁에서 그리스군의 용장이었고 불사신이었다. 하지만 적장 헥토르를 무찌른 뒤에 유일한 약점인 발뒤꿈치에 파리스의 화살을 맞고 죽었다.

필리포스 2세

헤라클레스

헤라클레스의 용기

아, 이런 수치가 있나! 마케도니아 최고의 용장인 내가 말에서 떨어지다니!

아리스토텔레스의 아버지가 마케도니아 왕가의 의사였으므로 필리포스 2세와는 아는 사이였습니다.

아리스토텔레스는 알렉산드로스 왕자가 어떤 청년일까 무척 궁금했습니다.

한편, 그리스는 폴리스들끼리의 혼란 상태가 계속되는 가운데, 기원전 4세기 말 그리스의 북쪽에서 일어난 마케도니아의 필리포스 2세*에게 정복당했습니다.

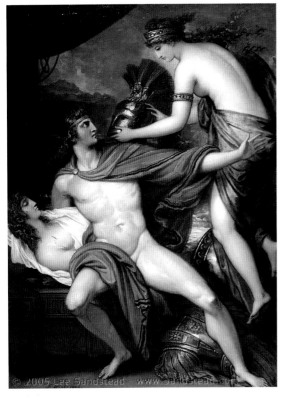

아킬레스

아리스토텔레스

한 신하가 필리포스 2세에게 아뢰었습니다.

"대왕이시여, 페르시아 사신들이 명마 한 필을 바쳤는데
세상에서 제일 좋은 말이라고 하옵니다!"

그리스 북쪽의 나라 마케도니아를 다스리는 필리포스 2
세는 그 말을 시험해 보기로 하였습니다.

광장으로 나아가 자리를 잡은 왕은 실망했습니다. 말이
너무나 난폭하여 누구든지 올라타기만 하면 얼마 못 가서
떨어져 버리는 것이었습니다.

> * 필리포스 2세
> 마케도니아의 왕으로
> 알렉산드로스 대왕의 아
> 버지이다. 기원전 338년
> 카이로네이아의 싸움에
> 서 아테네, 테베 연합군
> 을 무찌르고 전 그리스
> 를 제패했다.

＊마케도니아
마케도니아 지방에 건설되었던 고대 왕국으로, 기원전 7세기에 세워져 기원전 4세기경 알렉산드로스 대왕 때 전성기를 이루었다.
기원전 168년에 로마의 속주가 되었다.

"제가 한번 타 보겠습니다."

마지막으로 마케도니아＊에서 가장 용맹한 흑인 대장 클레이토스가 나섰습니다.

모든 사람들이 그만은 말을 잘 탈 것이라고 생각했습니다. 그런데 고삐를 힘껏 휘어잡은 클레이토스가 올라타자, 말이 뒷발을 치켜드는 바람에 뚝 떨어져 어이없게도 그는 엉덩방아를 찧고 말았습니다.

"저 말은 명마가 아니라 미친 말이다! 당장 목을 베어 없애 버려라."

필리포스 왕이 노하여 명령했습니다.

알렉산드로스 제국(기원전 4세기)

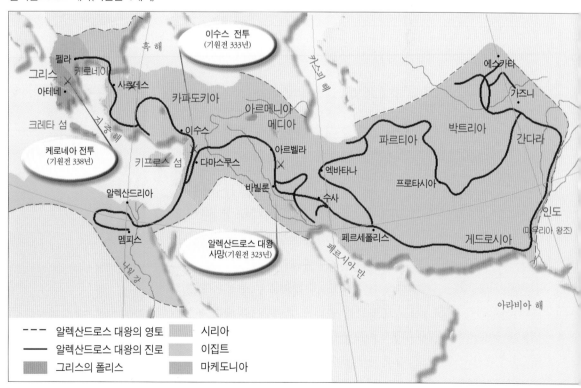

--- 알렉산드로스 대왕의 영토
— 알렉산드로스 대왕의 진로
　그리스의 폴리스
　시리아
　이집트
　마케도니아

알렉산드로스 조각상

젊은 알렉산드로스 조각상

마케도니아의 국기

로마 공화정 말기의 화폐

사랑하는 말 보케팔로스를 탄 알렉산드로스

바로 그때, 어디선가 용감한 목소리가 들려왔습니다.

"제가 한번 타보겠습니다."

알렉산드로스 왕자가 나선 것입니다.

"너무 위험한 일이다. 어린 네가 무슨 힘으로……."

왕이 처음에는 허락하지 않다가 알렉산드로스가 물러나지 않자, 한번 타 보라고
하였습니다.

알렉산드로스 왕자는 난폭한 말에게 가까이 다가가서 코허리를 긁어 주며 속삭였습니다.

"내가 네 주인이 되어 아껴 줄게."

말은 기분이 좋아서 '힝' 하고 웃는 듯했습니다.

알렉산드로스 왕자는 말을 슬슬 돌리다가 고삐를 잡고 잔등 위로 훌쩍 뛰어올랐습니다.

그랬더니, 여태껏 난폭하게 굴던 말이 얌전하게 앞으로 뚜벅뚜벅 나아가기 시작하는 것이었습니다.

프톨레마이오스 왕조 시대의 최전성기를 이룬 프톨레마이오스 2세의 상

로마 공화정 말기의 화폐

말을 탄 필리포스 왕이 새겨진 주화

알렉산드로스가 말을 타고 광장을 한 바퀴 유유히 돌자 군중이 외쳤습니다.

"알렉산드로스 왕자님 만세!"

왕도 매우 기뻐하며 말에서 내린 알렉산드로스에게 물었습니다.

"너는 어떻게 그 사나운 말을 다루었느냐?"

"저 말은 제 그림자를 보고 놀라서 날뛴 것입니다. 말의 머리를 태양을 향해 돌리고 올라탔습니다."

"오, 그 말이야말로 세계로 뻗어 나갈 주인을 얻은 명마로다!"

아리스토텔레스

역시 알렉산드로스 왕자님은 보통 분이 아니야. 저렇게 지혜로우시다니!

아리스토텔레스 조각상

아리스토텔레스

　왕은 물론, 알렉산드로스 왕자의 말을 들은 사람들은 모두 그 지혜에 감탄했습니다.

　알렉산드로스는 이 말의 이름을 보케팔로스라고 짓고, 이 말이 나이를 먹어 죽을 때까지 아꼈다고 합니다.

　한편에서 이 광경을 지켜보던 아리스토텔레스*는 속으로 생각했습니다.

　'저 소년이 바로 알렉산드로스 왕자로군. 가정 교사로서 가르칠 만하겠어.'

　그리하여, 알렉산드로스는 미에자라는 조용한 곳에서 아리스토텔레스에게 정치학, 생물학, 지리학, 천문학 등을 배웠습니다.

　이 무렵의 사람들은 그리스에서 페르시아를 거쳐 인도까지가 세계의 전부라고 생각했습니다. 그리고 인더스 강을 따라 내려가면 나일 강이 나오고, 지중해에 흘러들어 간다고 생각하고 있었습니다.

왕위에 오른 알렉산드로스

알렉산드로스의 교육을 마친 후 아리스토텔레스는 아테네에 살면서 리케이온이라는 학교를 세워 제자들을 가르쳤습니다. 알렉산드로스는 3년 동안 아리스토텔레스 밑에서 공부를 했습니다.

어느새 성장하여 16세가 된 알렉산드로스는 펠라의 왕궁으로 돌아왔고, 섭정(왕 대신 나라를 다스리는 것으로, 주로 왕자나 왕비가 맡음)으로 나라를 다스리게 되었습니다.

"나는 이 페르시아뿐만 아니라 전 세계를 다스리는 왕이 되겠어! 그것이 나의 꿈이야."

알렉산드로스 대왕의 대리석제 관의 부조

알렉산드로스는 세계를 제패하는 것이 꿈이었습니다.

한편, 나라의 힘을 키우고 군사를 모아 훈련시킨 필리포스 왕은 마케도니아를 얕보던 아테네와 테베* 등을 정복하고 그리스를 통합하였지만, 갑자기 암살당하고 말았습니다. 그리하여 느닷없는 아버지의 죽음으로 알렉산드로스는 20세의 젊은 나이로 기원전 336년에 왕의 자리에 올랐습니다.

필리포스 2세의 죽음은 마케도니아를 호시탐탐 노리고 있던 테베에도 알려졌습니다.

"마케도니아 왕이 암살되었대. 그렇다면 마케도니아를 점령하는 것은 시간문제야."

*테베
그리스 보이오티아 지방에 있던, 고대의 도시 국가이다. 기원전 371년 스파르타를 쳐부수고 한때 그리스의 패권을 장악했으나, 기원전 335년에 마케도니아에 파괴되었다.

테베의 중심 요새 도시

그리스의 날개 달린 양 조각

"마케도니아를 세계 제일의 대제국으로 건설하리라!"

알렉산드로스는 힘차게 외쳤습니다.

그 뒤 한 달도 못 되어 그리스의 도시 국가들이 마케도니아에 반란을 일으키려고 하였습니다.

알렉산드로스는 군대를 휘몰아서 테베로 쳐들어갔고, 테베 군사들은 속수무책으로 당했습니다.

테베가 마케도니아 군대에게 점령당했다는 것을 안 그리스 국가들은 앞을 다투어 알렉산드로스에게 항복했습니다. 이어 아테네는 알렉산드로스를 코린트 동맹군 총사령관으로 떠받들었습니다.

한 걸음 더!

그리스 철학의 새로운 경향

그리스인들은 도시 국가를 이상적인 사회 단위로 여겼으며, 철학 사상도 이곳에 사는 시민의 윤리에 중점을 두었다. 그러나 도시 국가의 강력한 지배 체제가 무너지기 시작하자, 폴리스적 민족의식은 사라지고, 아테네를 중심으로 세계 시민주의 사상을 바탕으로 하는 새로운 개인주의 철학 사상이 나타나기 시작하였다.

그리하여 사람들은 시민의 윤리보다 개인의 행복과 마음의 평화를 중요하게 여겼다. 따라서 개인주의에 바탕을 둔 제논의 스토아 학파, 에피쿠로스의 에피쿠로스 학파, 디오게네스의 키니코스 학파, 아리스티포스의 키레네 학파 등이 모두 이 시대에 생겨났다.

이들 중 스토아 학파의 제논은 금욕이야말로 인간을 올바른 길로 인도하는 최선의 덕목이라고 가르치고, 이성으로써 욕망을 억제하라고 강조하였다.

그러나 에피쿠로스는 정신적인 쾌락만이 최고의 선이므로, 이를 추구함으로써 마음의 평화를 얻을 수 있다고 주장하였다.

디오게네스

그리스 키니코스 학파의 대표적인 철학자로, 무욕적인 자연 생활을 주장하였다.

디오게네스가 일광욕을 하고 있을 때, 알렉산드로스 대왕이 찾아와 소원을 물었더니, "그늘이 지지 않도록 비켜 주시오."라고 했다는 일화는 유명하다.

알렉산드로스 대왕은 "내가 알렉산드로스가 아니었더라면 디오게네스가 되고 싶다."라고 말했다고 한다.

알렉산드로스 대왕에게 햇빛을
가리지 말라고 말했던 나무통
속의 철학자 디오게네스

코린트 동맹이란 마케도니아가 제창한 것으로, 전 그리스가 한데 뭉쳐 넓은 세계로 뻗어 나가자는 뜻으로 맺어졌습니다.

"알렉산드로스 대왕 만세!"

전 그리스가 이렇게 외치고 각 나라에서 정치가들과 학자와 예술가들이 찾아와 알렉산드로스에게 인사를 하였습니다.

그런데 유명한 철학자 디오게네스* 는 그를 찾아올 생각은 하지 않고 낮잠만 잤습니다. 알렉산드로스가 불러도 오지 않았습니다.

＊친위 대장
국왕, 국가 원수 등의 신변을 경호하는 부대의 우두머리이다.

"훌륭한 학자를 얻기가 어찌 그리 쉬운가?"

알렉산드로스는 직접 그를 찾아갔습니다.

"선생님이 디오게네스이시군요. 저는 알렉산드로스라고 합니다."

둥근 통 속에 있는 사람에게 알렉산드로스가 말했습니다.

마케도니아 군대를 지휘하는 알렉산드로스

디오게네스가 알렉산드로스를 거들떠보지도 않자, 친위 대장＊ 쿠르타스가 칼을 뽑아 목을 치려고 하였습니다. 알렉산드로스는 칼을 거두게 하고 디오게네스에게 정중히 말했습니다.

"저를 도와주신다면 무슨 소원이라도 들어 드리겠습니다."

그러자 디오게네스가 입을 열었습니다.

디오게네스 선생님! 어떤 소원이라도 들어드리겠습니다. 절 도와주시지요.

허허, 내겐 햇빛 한 줌이면 족하오.

"나한테 소원은 한 가지밖에 없소."

"그게 무엇입니까?"

"당신이 지금 햇볕을 가리고 계시니 비켜 달라는 것입니다."

알렉산드로스는 급히 자리를 뜨면서 하늘을 쳐다보며 중얼거렸습니다.

"부러운 학자로군. 부귀영화보다 한 줌의 따뜻한 햇볕을 더 소중히 여기다 니……. 만일, 내가 알렉산드로스가 아니라면 디오게네스가 되고 싶다."

❶ 둥근 통 속에 있는 디오게네스
❷ 산책하는 디오게네스
❸ 디오게네스 동상

5 대제국을 건설한 알렉산드로스

페르시아 원정길에 오른 알렉산드로스 대왕은 이수스 전투에서 페르시아 군을 크게 무찌르고 승리하는 영광을 안았습니다.

그리하여 오랫동안 페르시아에 시달리던 이집트는 알렉산드로스 대왕에게 파라오의 칭호를 주었습니다.

이집트로 건너간 알렉산드로스는 알렉산드리아를 건설했는데, 알렉산드리아는 헬레니즘 최대 도시로 번영했습니다.

알렉산드로스 대왕

페르시아 원정길에 오른 알렉산드로스

기원전 334년, 알렉산드로스는 마케도니아와 그리스 연합군 3만 5천 명을 이끌고 페르시아 원정길에 올랐습니다.

"마침내 그리스가 한마음이 되어 페르시아 원정을 하게 됐어."

알렉산드로스 군대는 그리스의 깃발이 나부끼는 160척의 함대로 해협을 건너 페르시아로 전진했습니다.

알렉산드로스 주화

알렉산드로스 군대의 전투

소아시아*로 건너간 알렉산드로스는 페르시아군을 격파하면서 전진했는데, 희한한 전설이 있는 도시 고르디온에 도달했습니다.

고르디온의 신전 기둥에는 수레가 매어져 있었는데, '이 매듭을 푸는 자가 아시아를 지배한다.'라는 예언이 떠돌았습니다.

"많은 장수들이 이 매듭을 풀지 못하고 돌아갔습니다."

그곳 사람이 설명했습니다.

그러자 알렉산드로스는 "내가 이 매듭을 풀겠다!" 하고 소리치더니 칼로 힘껏 내리쳤습니다.

어느 누구도 매듭을 칼로 내리쳐 풀 생각을 하지 못하고, 그저 손으로만 풀려고 했을 때 알렉산드로스는 남들과 다른 생각을 한 것입니다.

그때, 하늘에서 천둥이 울리고 번개가 쳤습니다.

알렉산드로스 대왕

> **＊소아시아**
> 아시아의 서단부, 흑해, 지중해에 둘러싸인 반도이다. 터키의 대부분을 차지하며, 예로부터 아시아와 유럽을 잇는 중요한 통로였다.

*페르세폴리스 궁전
기원전 6세기, 다리우스 1세 때부터 3대에 걸쳐 건설된 궁전으로, 오늘날 폐허로 남아 있으나, 우아했던 옛 모습을 짐작하게 한다. 이 궁전은 의식을 거행할 때만 사용되었다

다음 해에 알렉산드로스는 '이수스의 전투'에서 페르시아군을 크게 무찌르고 승리했습니다.

오랫동안 페르시아 제국에 시달리던 이집트는 알렉산드로스 대왕의 등장에 환호했습니다.

그들은 알렉산드로스에게 파라오(이집트의 왕)의 칭호를 주었습니다.

알렉산드로스 대왕께서 정중히 모시라고 당부하셨으니 걱정 마십시오.

페르시아의 뿔모양 술잔

한때 세계를 호령한 페르시아 제국의 수도였던 페르세폴리스 궁전 유적

페르세폴리스 궁전 유적

페르시아 궁전 벽 부조

대군을 잃은 다리우스 3세는 도망쳤으나 왕비와 공주는 포로가 되었습니다.

"적이지만, 왕족이니 잘 대우해 주어라."

알렉산드로스는 비록 적의 우두머리인 왕족이지만, 넓은 마음으로 그들에게 아량을 베풀어 주었습니다.

알렉산드로스 대왕의 이수스 전투

아라비아 상인

기원전 332년에 이집트로 건너간 알렉산드로스는 그곳 나일 강 가에 도시를 건설하였고, 그리스풍의 그 도시를 '알렉산드리아'*라고 불렀습니다. 알렉산드리아는 당시 지중해 세계와 아라비아, 인도와의 무역항, 상공업의 중심지로 헬레니즘 최대의 도시로 번영하였습니다.

> *알렉산드리아
> 알렉산드로스 대왕이 자신의 이름을 붙여 건설한 도시이다. 이집트, 에스카테, 이수스 등에 많이 있었다.

민족을 초월한 세계적 문화를 발전시킨 알렉산드로스

*다리우스 3세
페르시아 최후의 왕으로, 가우가멜라의 싸움에서 알렉산드로스 대왕의 원정군에게 패하고, 신하에게 살해되었다.

그런 뒤, 알렉산드로스는 한 해가 지나자 이집트를 떠나 다시 페르시아로 진격해 들어갔습니다.

때는 기원전 331년, 소아시아와 이집트를 평정한 알렉산드로스는 티그리스 강 동쪽에 진을 쳤습니다.

"페르시아와 결전을 치른다!"

알렉산드로스는 비장한 각오를 하였습니다. 다리우스 3세*도 대군을 이끌고 와서 대항했습니다.

알렉산드로스는 다리우스 3세에게 다가가서 가족들의 소식을 전해 주었습니다.

"페르시아 왕비와 공주는 편안히 잘 지내고 있습니다."

이집트는 평정했으니 다음은 페르시아 차례다.

다리우스3세

페르시아 제국의 수도였던 페르세폴리스 궁전 벽면의 부조

현재 이란의 영토로 페르시아의 규모가 확정된것은 사파비 왕조 이후 분열시대를 거쳐 탄생한 카자르 왕조 대의 일입니다. 이후 카자르 왕조는 다시 팔레비 왕조로 바뀌었으며, 이차대전 이후 1970년대 말까지 유지되다가 이슬람 혁명이 일어나 왕조는 종말을 고하고 현재의 이란으로 바뀌게 되었다.

*라오콘 군상
그리스 헬레니즘기의 대리석 조각이다. 두 아들과 함께 큰 뱀 두 마리에게 물려 죽는 트로이의 신관 라오콘의 임종 고통을 나타냈다.

다리우스 3세는 전차를 탄 채 대군을 이끌었고, 알렉산드로스는 명마를 타고 기병으로 맞서 싸웠습니다.

그런데 갑자기 바퀴가 빠지는 바람에 다리우스 3세는 당황했습니다.

"전차 바퀴가 고장 나다니……."

그는 하는 수 없이 마차를 버리고 달아나야 했습니다.

분하다! 이런 때에 바퀴가 고장이라니! 다음을 기약해야겠구나.

가우가멜라전투에서 도망치는 다리우스 3세

아르벨라의 싸움*에서 페르시아군은 전멸하여 다시 일어날 수 없을 정도로 패했습니다. 다리우스 3세는 가까스로 목숨을 건져 도망쳤으나 다음 해에 신하에게 죽임을 당하고 말았습니다.

이로써 세계 제일을 자랑하던 강대국 페르시아는 마케도니아의 알렉산드로스에게 멸망했습니다.

'결국, 위대한 페르시아 제국도 이렇게 막을 내리는구나. 페르시아 정복은 내 꿈을 이루기 위한 첫 단계이다. 지금부터 오랫동안 꿈꾸어 왔던 인도 원정을 해야지!'

*아르벨라의 싸움
기원전 331년, 마케도니아의 알렉산드로스 대왕이 티그리스 강 상류에 있는 가우가멜라에서 페르시아의 다리우스 3세군을 격파한 싸움이다. 이 승리로 페르시아를 제패할 수 있었다. 가우가멜라의 싸움이라고도 한다.

한 걸음 더!

미술의 변화

헬레니즘 시대 미술의 두드러진 특징은, 도시 국가 시대의 특징인 조화와 균형미가 사라졌다는 것이다. 그리고 여러 민족과 색다른 문화를 접촉함에 따라 작품의 소재가 다양하고 풍부해졌다.

특히, 조각 분야에서 뛰어난 작품이 많이 나왔는데, 대부분 육체와 감정이 격한 순간을 사실적으로 나타낸 작품들이었다. 밀로(밀로스) 섬에서 발견된 〈밀로의 비너스〉, 〈라오콘 군상〉, 사모드라케 섬에서 발견된 〈사모드라케의 니케〉 등이 이 시대의 걸작품이다.

헬레니즘 시대 작품 〈라오콘〉 대리석상

이렇게 발달된 헬레니즘 문화는 라틴 문화로 계승되었고, 중세 스콜라 철학과 이슬람 문화에 영향을 주었다.

또, 인도로 전파되어 간다라 미술의 모체가 되었고, 중앙아시아를 거쳐 중국의 남북조 문화, 우리나라의 삼국 문화, 일본의 아스카 문화 등에 많은 영향을 미쳤다.

고대 로마 제국의 중심지였던 포로 로마노

 알렉산드로스는 그리스에 머물지 않고, 기원전 326년 인더스 강을 건너 인도로 진격해 들어갔습니다.

 알락산드로스는 정복한 곳곳에 도시를 세워 그리스인들을 살게 하고 이들과 페르시아인들의 혼인을 장려하는 등, 그리스 문화를 바탕으로 민족을 초월한 세계적인 문화를 발전시켰습니다.

 또, 기원전 323년에는 마케도니아, 그리스, 이집트, 페르시아를 합친 대제국을 건설하려고 바빌론을 수도로 삼았습니다. 그러나 알렉산드로스는 몸이 지친 상태에서 다시 원정에 나섰기 때문에 열병에 걸렸습니다.

 그리하여 기원전 323년 6월 11일, 알렉산드로스는 32세의 아까운 나이로 최후를 맞았습니다.

알렉산드로스 대왕이 죽고 20여 년이 흐른 뒤, 이집트에는 프톨레마이오스 왕조가 세워졌습니다.

마케도니아 왕국은 큰 혼란에 빠졌고, 서로 후계자가 되려고 다투었습니다. 결국, 왕국은 시리아, 이집트, 마케도니아 왕국으로 뿔뿔이 흩어지고 말았습니다.

이집트는 그 후 오랫동안 평화를 지켰습니다. 그러나 이집트를 비롯한 이들 왕국은 강력한 힘을 과시하며 등장한 로마에 의해 멸망하기에 이르렀습니다.

> **＊프톨레마이오스 왕조**
> 기원전 323년 알렉산드로스 대왕이 죽은 뒤, 그의 부하였던 프톨레마이오스가 세운 왕조이다. 수도인 알렉산드리아는 헬레니즘 문화의 중심지였다.

 골든벨 상식

알렉산드로스 제국의 분열

기원전 323년 알렉산드로스 대왕이 갑자기 병사하자, 후계자 문제로 부하 장군들 사이에 분쟁이 일어났다. 그래서 몇 차례의 싸움 끝에 알렉산드로스 제국은 카산드로스 왕가가 지배하는 마케도니아, 셀레우코스 왕가가 지배하는 시리아, 프톨레마이오스 왕가가 지배하는 이집트의 세 왕국으로 분열되었다.

세 왕국 중 가장 세력이 큰 나라는 이집트로, 수도 알렉산드리아는 지중해 및 인도 무역의 중심지로 계속 번영하였다. 특히, 알렉산드리아는 학술원과 대도서관이 유명하여 각지로부터 학자들이 모여드는 문화의 중심지이기도 하였다. 그러나 기원전 30년에 로마에 합병되었다.

알렉산드로스의 계승자 셀레우코스

세 왕국 중 지배 영역이 가장 넓었던 시리아는 강력한 전제 군주국으로 존속해 오다가, 기원전 64년 로마에 합병되어 식민지가 되었다.

마케도니아는 그리스 본토에서 도시 동맹을 중심으로 근근이 독립을 유지해 오다가, 기원전 168년 로마의 식민지가 되었다. 그러나 아테네는 문화의 중심지로, 코린트는 상업의 중심지로, 에게 해에 있는 델로스와 로도스 섬은 노예무역의 중심지로 번영하였다.

6 헬레니즘 문화의 전파

알렉산드로스는 원정을 포기하고 돌아오는 길에, 병사들을 위해 축제를 벌이는 등 사기를 북돋웠습니다.

그리고 동방 원정 때 건설한 알렉산드리아를 그리스 문화의 중심지로 삼아 동서의 융합된 문화를 꾀하여 헬레니즘 문화를 낳았습니다.

이 헬레니즘 문화는 간다라 미술에도 영향을 미쳤으며, 인도는 물론 중국, 일본에까지 뻗어 나갔습니다.

그리스 헬레니즘

동서 융합으로 이루어진 헬레니즘 문화

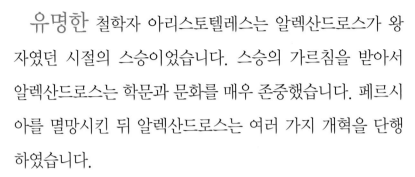

유명한 철학자 아리스토텔레스는 알렉산드로스가 왕자였던 시절의 스승이었습니다. 스승의 가르침을 받아서 알렉산드로스는 학문과 문화를 매우 존중했습니다. 페르시아를 멸망시킨 뒤 알렉산드로스는 여러 가지 개혁을 단행하였습니다.

알렉산드로스는 원정을 포기하고 돌아오는 길에 페르시아의 수도였던 수사*에 닿았습니다.

*수사

페르시아 만 북방에 있는 고대 도시의 유적으로, 기원전 3000년 무렵에 성립한 엘람 민족의 도시이다. 후에 페르시아 제국 아케메네스 왕조의 수도가 되었다.

청동 방패

페르시아의 전사

페르시아 유적

수사에 있는 다리우스 대왕 궁의 날개 달린 스핑크스

고대 아시리아의 마지막 왕 아슈르바니팔의 수사원정

다리우스 1세의 묘

알렉산드로스 대왕은 지칠 대로 지쳐 있는 병사들을 위해 사기를 북돋워 주었습니다.

'축제를 벌여 병사들을 위로해 주어야지.'

그래서 수사에서 마케도니아 귀족 80명과 페르시아의 귀족 여자들 사이에 합동 결혼식이 치러졌으며, 알렉산드로스도 다리우스 3세의 딸을 아내로 맞았습니다.

또 알렉산드로스는 페르시아 귀족 청년 3만 명에게 그리스어를 가르치고, 그리스식으로 훈련해 친위대로 삼았습니다. 그리고 알렉산드로스는 페르시아의 옷을 입었습니다.

이렇게 알렉산드로스는 동방 원정 때 건설한 알렉산드리아를 그리스 문화의 중심지로 삼아 동서의 융합된 문화를 꾀했습니다.

알렉산드로스로 인해 동서의 교류와 융합으로 이루어진 문화를 가리켜 '헬레니즘 문화'라고 합니다.

그리스 수학자인 유클리드

시칠리아의 전원

 골든벨 상식

알렉산드로스의 동서 융합 정책

알렉산드로스 대왕의 동방 원정으로 동양과 서양의 문화가 융합되어 실질적인 세계 제국이 건설되었다. 알렉산드로스 대왕은 바빌론을 수도로 삼고, 오리엔트의 풍습과 종교를 존중하면서 오리엔트의 전제 군주제를 도입하였다.

알렉산드로스 대왕은 정복지 각지에 알렉산드리아라는 새로운 도시를 건설하고, 그리스인을 이주시켜 그리스 문화를 오리엔트 여러 지역에 전파하였다.

또한, 그리스인, 마케도니아인, 페르시아인들 사이의 혼인을 장려하는 등 동서 융합 정책을 꾀하였다.

헬레니즘은 그리스와 오리엔트가 서로 영향을 주고받음으로써 생긴 역사적 현상을 뜻합니다.

오리엔트 문화와 그리스 문화가 합쳐진 새로운 헬레니즘 문화는 알렉산드로스가 왕이 된 이후부터 그의 영토가 로마 제국에 합쳐진 약 300년 안에 이루어졌습니다. 이 시기를 '헬레니즘 시대'라고 합니다.

헬레니즘 문화의 가장 두드러진 특색은 자연 과학의 발달입니다. 이집트의 알렉산드리아에 세계의 학자가 초청되었으며, 이즈음에 학문 연구가 매우 활발했습니다.

'아르키메데스*'의 원리(부력의 원리)'가 발견된 것도 이 무렵입니다.

*아르키메데스
고대 그리스의 최고 수학자이며 물리학자로 시칠리아 섬 시라쿠사에서 태어나 알렉산드리아에서 공부하였다.

아르키메데스는 지렛대의 원리를 응용해, "긴 지렛대와 지렛목만 있으면 지구도 움직일 수 있다."고 주장하였다.

또한, 왕관이 순금으로 되어 있는지를 부력의 원리로 측정했다. 이것은 물속에 있는 물체가 실제의 무게보다 가볍게 느껴진다는 원리이다. 그는 목욕탕에서 이 원리를 발견하고 발가벗은 채 "유레카(발견했다)!"라고 외치며 알렉산드리아 거리를 달렸다고 한다.

그리스의 자연 과학자인 아르키메데스

아테네 학당에서 컴퍼스를 잡고 있는 에우클레이데스

아르키메데스

아르키메데스 조각상

헬레니즘의 영향을 받은 간다라 미술

어느 날, 아르키메데스는 벌거벗은 몸으로 궁전에 뛰어들었습니다.

"미쳤소?"

왕이 눈을 휘둥그레 뜨고 묻자 아르키메데스는 목욕을 하다가 물이 넘쳐나는 것을 보고 '부력의 원리'를 알아냈다고 하였습니다.

이외에도 수학에서는 아폴로니오스와 유클리드, 천문학에 에라토스테네스*와 아리스타르코스*, 의학에 헤로필로스* 등의 인물이 나왔습니다.

또 조각에서는 로도스 섬의 라오콘 군상, 사모트라케 섬의 니케 상, 페르가몬의 제우스 대제단 부조 등이 유명합니다.

유명한 〈밀로의 비너스〉 같은 조각 작품도 이 무렵에 탄생했습니다.

그래! 바로 이거야! 탕 속에 들어오자 넘쳐나는 이 물! 내가 왜 이 생각을 못 했을까?

＊에라토스테네스
고대 그리스의 수학자, 천문학자, 지리학자이다. 소수의 선별법으로 유명한 '에라토스테네스의 체'를 발간하였다. 또 처음으로 적도 주위를 측량하여 약 4만 5,000킬로미터라고 산출하였다.

＊아리스타르코스
고대 그리스의 천문학자로, 지동설을 처음으로 제창하였다.
지구에서 태양과 달까지의 거리의 비를 19대 1로 하였다.

＊헤로필로스
기원전 300년 무렵의 알렉산드리아의 의사이다. 과학적 해부학의 아버지로 불리며, 대뇌와 소뇌를 구별하는 등, 신경계의 해부학에 공헌하였다.

문화의 교류와 전파

문화가 발전하려면 이질적인 문화와의 교류와 전파가 중요하다. 역사적으로도 유럽과 아시아 혹은 인도, 중국과 우리나라, 일본의 문화 교류가 무역이나 선교 혹은 정복에 의해 일어나 각각의 문화가 이질적인 문화의 영향을 받아 변화·발전해 왔다. 근대 이후, 우리나라를 포함한 세계 각지에서 볼 수 있는 서구 근대 문화의 전파는 서구화라고 불리는 가장 대규모적인 문화 전파이다.

말리 국왕의 메카 순례 아프리카의 이슬람화를 나타내고 있다.

앙코르 와트 사원 힌두교의 신전이었던 이 유적은 불교의 전파에 의해 사원으로 변하였다.

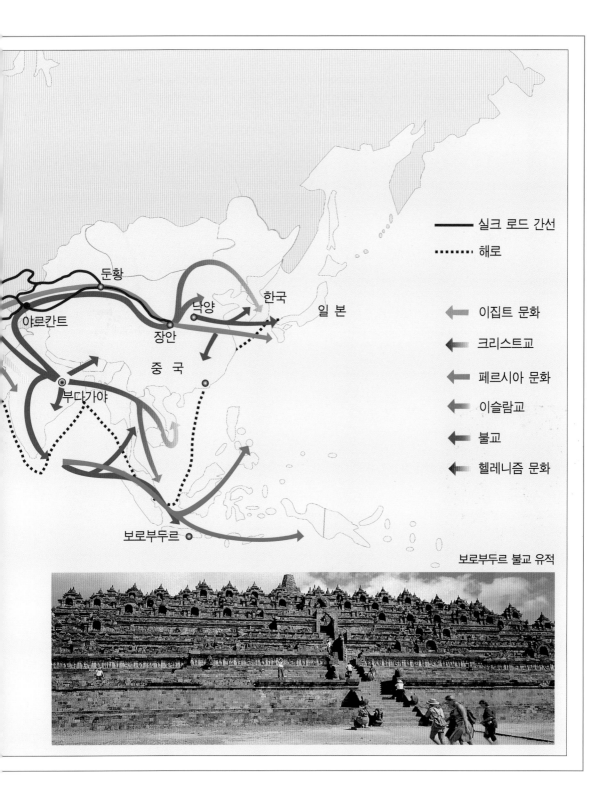

실크 로드 간선
해로

이집트 문화
크리스트교
페르시아 문화
이슬람교
불교
헬레니즘 문화

둔황
야르칸트
낙양
한국
장안
일본
중국
부다가야
보로부두르

보로부두르 불교 유적

＊히포크라테스

고대 그리스의 의학자로, 의술을 마법이나 미신으로부터 해방하고, 경험을 중시하는 과학적 의학의 기초를 확립하여 서양 의학의 아버지, 의성으로 불린다.

의사가 지켜야 할 도덕을 '히포크라테스 선서'로서 명확히 규정하였다.

지구의 둘레를 거의 정확히 측정한 에라토스테네스, 의학의 아버지 히포크라테스＊ 등도 이 무렵의 과학자요, 위인들입니다.

또 미술도 이 시대에 매우 발달했는데, 인도의 간다라 미술도 그 문화의 영향을 받았습니다.

세계사에서 헬레니즘 문화를 중요하게 여기는 것은, 한마디로 유럽과 아시아의 서로 다른 두 문화를 융합했다는 점입니다.

헬레니즘 문화의 영향은 인도와 중앙아시아로도 뻗어나가 중국, 일본에까지 미쳤습니다.

히포크라테스

그리스 자연 과학의 발달

알렉산드로스 대왕은 대제국을 건설하고 정복한 지역에 70개나 되는 알렉산드리아를 건설하였는데, 이 도시들이 헬레니즘 문화를 형성하는 거점 구실을 하였다.

특히, 이집트의 알렉산드리아는 그리스의 아테네와 함께 헬레니즘 문화의 중심지가 되었다.

알렉산드리아에서는 학문과 예술이 발전하였을 뿐만 아니라, 수학, 천문학, 물리학 등 자연 과학의 연구가 활발하여 무세이온과 같은 학문 연구소와 도서관, 천문대 등이 설립되었다.

기하학의 유클리드, 지리ㆍ역사학자로 지구의 크기를 정확하게 계산해 낸 에라토스테네스, 지동설을 제창한 아리스타르코스를 비롯하여 지렛대의 원리와 부력의 원리를 발견한 아르키메데스도 이 시대에 활약한 대학자였다.

세계사 부록

민주 국가 아테네

수많은 그리스의 폴리스 가운데 대표적인 것은 아테네와 스파르타였다. 아테네도 초기에는 왕정이 행해졌으나 기원전 7세기 무렵 귀족 정치로 바뀌었다.

빈부의 격차가 심해지고 귀족과 평민의 대립이 심해지자 기원전 6세기 초에 솔론이 나와 아테네의 법을 정비하고 경제 개선책을 마련하는 한편, 재산의 정도에 따라 정치적 특권과 의무를 분배하여 평민이 정치에 참여하는 길을 마련하였다.

그러나 귀족과 평민의 대립을 조정하려 한 솔론의 시도는 실패하였고, 이윽고 페이시스트라토스가 평민과 결탁하여 귀족 세력을 억누르고 참주 정치를 행하였다.

아테네의 정치가 솔론

그러나 참주 정치는 얼마 안 가서 쓰러지고, 기원전 6세기 말에 클레이스테네스가 등장하여 행정 구역을 개편하고 500인 회의를 창설하였으며, 부족제의 개편과 도편 추방제를 제정하여 아테네 민주 정치의 기틀을 마련하였다.

그리스 문화의 특색과 올림픽 경기

인간의 이성과 감성의 양면을 중요하게 여긴 그리스인들은 폴리스의 자유로운 분위기 속에서 인간적이고 합리적이며 조화의 미를 갖춘 특유한 문화를 창출하였다.

그리스인들의 종교는 다신교로서 그들은 올림포스 산 위에 인간의 모습과 감정을 지닌 12신이 있

제우스 신을 경배하기 위해 열린 레슬링 경기

다고 믿어 이 신들을 숭배하였다. 이러한 사실은 그리스 신화에 잘 나타나 있으며, 이들 신들의 이야기는 그들의 문학, 연극, 건축, 미술, 체육의 주제로서 표현되었다.

기원전 776년부터 4년마다 최고의 신 제우스를 경배하기 위한 올림픽 경기가 열려 권투, 레슬링, 육상, 원반던지기, 전차 경주 등이 벌어졌다.

이러한 경기 모습은 수많은 도자기 그림에 표현되었다.

그리스 문학과 건축

그리스 최고의 문학 작품은 호메로스가 트로이 전쟁을 주제로 한 장편 서사시 〈일리아드〉와 〈오디세이〉이다. 여기에는 그리스 신들의 모습이 생생하게 그려졌는데, 이들 신화를 바탕으로 인간 정신을 뛰어나게 표현하였다.

기원전 7세기부터 기원전 6세기에 걸쳐서는 개인 의식과 감성이 싹터 서사시 대신 서정시가 성행하면서 사포, 아나크레온 등의 시인이 활약하였다.

호메로스

그리스의 연극은 원래 주신 제우스를 경배하기 위한 제전에서 출발하였으나, 기원전 5세기 민주정의 완성기에 이르러서는 시민 정신의 순화를 목적으로 한 연극이 국가 행사로 열려 연극 공연이 크게 유행하였다.

아테네에는 아이스킬로스, 소포클레스, 에우리피데스 등의 3대 비극 작가가 나타나 신화와 전설을 소재로 인간의 비극적 운명을 다루었다.

그리스 인은 풍부한 대리석을 이용하여 신전을 건축하였고, 조각을 중심으로 조화와 균형에 바탕을 둔 이상적인 미를 추구하였다. 건축은 도리아식, 이오니아식, 헬레니즘 시대의 코린트식으로 구분되며, 현존하는 파르테논 신전은 대표적인 건축물로서 도리아식이다. 조각 부문에서는 페이디아스의 〈아테나 여신 상〉이 유명하다.

〈밀로의 비너스〉

헬레니즘 문화

헬레니즘 문화는 폴리스 중심의 그리스 문화와는 달리 시민주의 사상과 함께 개인주의 철학을 발달시켰다.

에피쿠로스 학파와 스토아 학파는 이러한 개인주의 철학을 대표하는 것으로서, 에피쿠로스 학파는 정신적인 쾌락을 주장하였고, 스토아 학파는 금욕을 통한 정신적 안정을 강조하여 개인의 행복을 추구하였다.

미술에서는 그리스 시대의 조화와 균형의 이상적인 미보다 인간의 관능이나 격정을 드러내는 현실적인 미가 추구되었다.

〈밀로의 비너스〉나 〈라오콘 군상〉, 〈승리의 여신 상〉 등은 그 대표적 작품이다. 한편, 헬레니즘 미술은 후에 인도의 간다라 미술에 큰 영향을 주었다.

401	후진의 구마라집, 〈마하반야바라밀경〉, 〈묘법연화경〉 등을 번역 출간함. 서고트의 알라리크 왕, 제1차 이탈리아 침입을 꾀함.
405	동진의 도연명, 〈귀거래사〉를 지음.
406	동로마의 신학자 히에로니무스, 라틴어 번역 성서인 〈불가타〉를 완성함. 유럽, 게르만 족의 반달 족과 알란 족이 갈리아에 침입하고 부르군트 족이 라인 강 중류에 정착함.
415	서고트, 이베리아 반도에 서고트 왕국을 세움. 인도, 찬드라굽타 2세의 아들 쿠마라굽타가 즉위함.
420	동로마, 사산조 페르시아와 전쟁을 벌임.
426	동로마의 아우구스티누스, 〈신국론〉을 집필함.
430	동로마, 라벤나 성당에 모자이크 〈그리스도의 세례〉를 완성함.
434	훈 왕국, 훈족이 아틸라의 주도하에 왕국을 세움.
438	동로마, 〈테오도시우스 법전〉을 편찬함.
448	동로마의 테오도시우스 2세, 크리스트교 서적을 불태움.
449	브리타니아, 앵글로-색슨 족과 유트 족이 침입하여 켈트 족을 제압함.
465	동로마, 대화재로 콘스탄티노플 대부분이 소실됨.
476	서로마의 게르만 족 용병 대장 오토아케르, 로물루스 아우구스툴루스를 폐위함(서로마 제국 멸망).
478	동고트, 발칸 반도를 침입함.
481	프랑크 족인 클로비스, 프랑크 족을 통일하고 왕으로 즉위하여 메로빙거 왕조를 세움.
484	동로마, 동서 교회(그리스 정교, 로마 가톨릭)가 분리됨.
486	프랑크 왕국의 클로비스, 스와송 전투에서 로마 총독 시아그리우스를 깨고 프랑크 왕국을 건립함.

도연명의 〈귀거래사〉

아우구스티누스

493	동고트 왕국, 테오도리크 왕이 오도아케르를 물리치고 이탈리아에 동고트 왕국을 건설함.
500	인도, 아잔타 석굴을 창건함. 이 무렵 인도에 힌두교가 창시됨. 유대, 〈탈무드〉를 완성함.
501	사산조 페르시아의 카와드 1세, 귀환하여 실권을 장악함.
502	동로마, 사산조 페르시아와 전쟁을 벌임.
514	슬라브 족, 도나우 강 하류로 이동함.
518	동로마의 유스티누스 1세 즉위함.
520	브리타니아, 고대 영어로 쓰인 앵글로-색슨의 영웅 서사시 〈베어울프〉를 완성함. 이 무렵 웨식스에서 〈아서왕 전설〉을 완성함.
527	동로마, 유스티니아누스 1세 즉위함 (비잔티움 제국의 전성기).
529	동로마, 대학을 설립하고 〈로마법 대전〉의 편찬을 시작함. 성베네딕투스, 몬테카시노에 수도원을 건립함 (베네딕트 교단 성립).
531	사산조 페르시아, 카와드 1세 죽고, 호스로 1세 즉위함 (사산조의 황금기).
543	로마 교회, 수도원 창립자인 베네딕투스가 사망함.
555	동로마, 이탈리아의 동고트 왕국을 멸함.
570	이슬람, 무함마드가 메카에서 탄생함.
578	동로마, 유스티누스 2세 죽고 티베리우스 2세 즉위함.
593	일본, 쇼토쿠 태자가 섭정을 함.
597	동로마, 교황 그레고리우스 1세가 파견한 선교사 아우구스티누스가 브리타니아에 가톨릭을 포교함.
600	인도, 이 무렵에 바르트리하리가 부처의 설화집 〈샤타카〉를 완성함. 교황청의 교황 그레고리우스 1세, 교권을 확립함. 이집트, 커피 열매를 처음으로 발견함.

〈로마법 대전〉

몬테카시노 수도원

〈아서왕의 전설〉 삽화

이 시대의 세계는

유스티니아누스 황제와 그의 가신들(483~565년)
동로마 제국(비잔티움 제국)의 황제이다. 고아프리카의 반달
왕국을 쓰러뜨리고 이탈리아의 동고트 왕국을 멸망시켰으며,
이탈리아, 시칠리아, 아프리카 등을 손에 넣었다. 또 정치를
정비하고 교회를 세웠으며, 중국에서 누에를 수입하여 견직물
업을 권장하는 등 나라를 바로잡는 데 힘썼다.

유스티니아누스 황제
가 새겨진 금화

유럽

아시아

아프리카

인도양

오스트레일리아

사산조 페르시아의 공예
품인 '솔로몬의 잔'

아우구스티누스(354~430년)의 〈신국론〉
초대 크리스트 교회 최대의 사상가이며 교부 철학의 대성자이다. 아프리카 북부 해안
누미디아의 타가스테에서 이교도인 아버지와 독실한 크리스트교도인 어머니 사이에
서 태어났다. 32세 때 어머니의 감화로 크리스트교에 귀의했으며, 나중에는 성직자로
서 포교, 저술, 교리 연구에 전념하여 크리스트 교회의 기초를 확립하였다.

쇼토쿠 태자(574~622년)
일본 아스카 시대의 정치가로, 요메이 천황의 아들이다. 595년에 고구려의 승려 혜자를 스승으로 삼아 불교를 널리 보급하였다. 독실한 불교 신자로서 호류 사와 시텐노 사 등의 절을 세웠다.

태평양

북아메리카

대서양

남아메리카

이슬람교의 경전인 〈코란〉

이슬람교를 창시한 무함마드(570?~632년)
이슬람교의 창시자이다. 그는 유대교와 크리스트교를 통하여 종교에 눈을 뜨기 시작하였으며, 인간의 괴로움에 대하여 깊이 생각하였다. 610년에 메카 근처에 있는 히라 산의 동굴에서 그는 '그대는 알라신의 사도이다.' 라는 계시를 받았다. 그러한 계시로 '알라의 사도' 로서의 확신을 얻은 그는 포교에 나섰다. 622년에 메카를 떠나 메디나로 갔다. 이것을 신도들은 '헤지라(성천)' 라고 하며, 그해가 이슬람교 기원이 되었다.

〈세계사 이야기〉 관련 홈페이지

골말의 역사 교실 http://history.new21.net

공자를 찾아서 http://nagizibe.com.ne.kr

김제훈의 역사가 좋아요 www.historylove.com

대영 박물관 www.thebritishmuseum.ac.uk

독일 정보 www.nobelmann.com

러시아 우주 과학회 www.rssi.ru

루브르 박물관 www.louvre.fr

링컨(백악관) www.whitehouse.gov/history/presidents/al16.html

메트로폴리탄 미술관 www.metmuseum.org

버지니아 대학 도서관 http://etext.virginia.edu/jefferson

사이버 스쿨버스 www.cyberschoolbus.un.org

서양 미술 사학회 www.awah.or.kr

소창 박물관 www. sochang.net

영국의 왕실 공식 사이트 www.royal.gov.uk

유엔(UN) www.un.org

이슬람 소개 www.islamkorea.com

인도의 독립 운동가 간디를 소개하는 사이트 http://mkgandhi.org

정재천의 함께하는 사회 교실 http://yuksa.new21.org

제1차 세계 대전의 원인, 주요 전투, 관련 인물, 연대표 수록

http://firstworldwar.com

주한 독일 문화원 www.gothe.de/seoul

주한 중국 문화원 www.cccseoul.org

주한 프랑스 문화원 www.france.co.kr

중국의 어제와 오늘 www.chinabang.co.kr

차석찬의 역사 창고 http://mtcha.com.ne.kr

한국 서양사 학회 http://www.westernhistory.or.kr

한국 셰익스피어 학회 www.sakorea.or.kr

한국 프랑스 사학회 http://frenchhistory.co.kr